Impressum
Verlag: BABADADA GmbH, Nedderfeld 112 , 22529 Hamburg
Geschäftsführer / Verlagsleitung: Harald Hof
Druck: Books on Demand GmbH, In de Tarpen 42, 22848 Norderstedt

Imprint
Publisher: BABADADA GmbH, Nedderfeld 112 , 22529 Hamburg, Germany
Managing Director / Publishing direction: Harald Hof
Print: Books on Demand GmbH, In de Tarpen 42, 22848 Norderstedt, Germany

de School
sekolah

de Klassenstuuv
ruang kelas

delen
membagi

186/2

de Schoolhoff
halaman sekolah

de Tafel
papan

de Schoolmeester
guru

dat Papeer
kertas

schrieven
menulis

de Sticken
pena

de Schrievdisch
meja kerja

dat Lienholt
penggaris

dat Book
buku

de Schöler
murit

de Ranzel

tas sekolah

de Feddermapp

tempat pensil

de Bleesticken

pensil

de Scharpmaker

pengasah pensil

dat Radeergummi

penghapus

de Tekenblock

kertas gambar

de Teken

gambar

de Pinsel

kuas

de Malkassen

kotak cat

de Scheer

gunting

de Klever

lem

dat Heft to'n Öven

buku latihan

de Huusopgaav

pekerjaan rumah

de Tall

angka

2+2

tohooptellen

tambhakan

aftrecken

mengurangi

malnehmen

mengalikan

reken

menghitung

de Bookstaav

huruf

ABCDEFG
HIJKLMN
OPQRSTU
VWXYZ

dat ABC

alfabet

dat Woort

kata

de Text

teks

lesen

membaca

de Kried

kapur

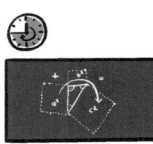

de Stunn

pelajaran

dat Klassenbook

daftar

de Pröven

ujian

dat Tüügnis

sertifikat

de Schooluniform

seragam sekolah

de Utbillen

pendidikan

dat Nakieksel

ensiklopedi

de Universität

universitas

dat Mikroskop

mikroskop

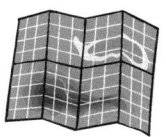

de Koort

peta

de Papeerkorf

tempat sampah

de School - sekolah

de Törn
perjalanan

dat Hotel
hotel
Grand
de Harbarg
hostel
ROOMS
e Wesselstuuv
antor pertukaran mata uang
CHANGE
de Kuffer
koper
dat Auto
mobil

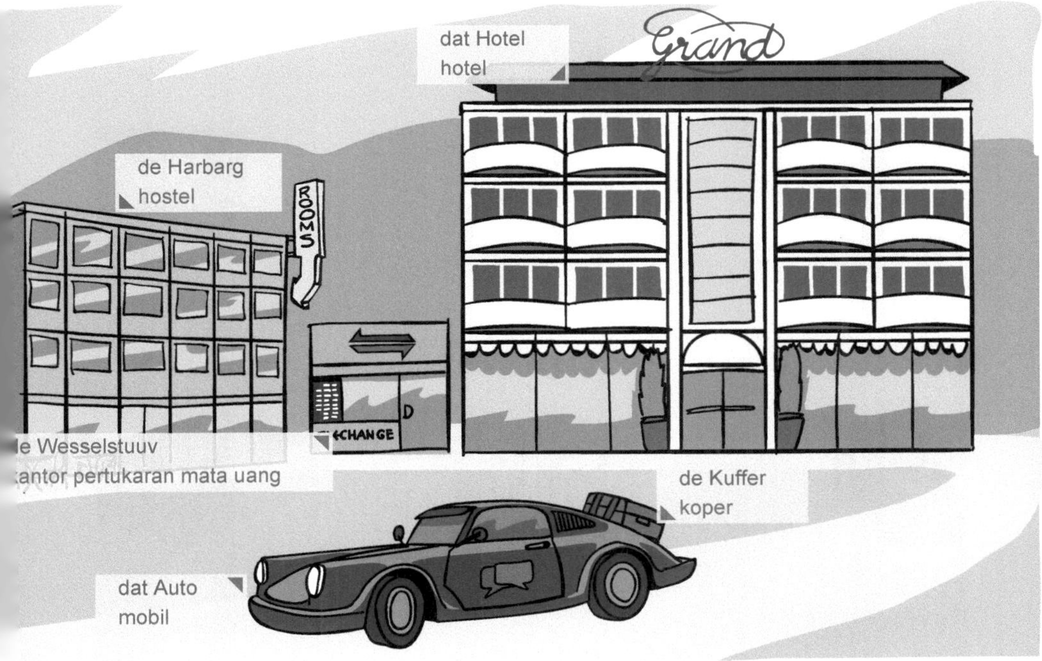

de Spraak

bahasa

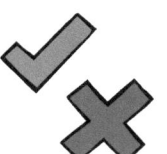

jo / ne

ya / tidak

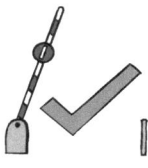

Jo

okay

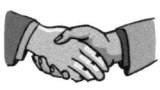

Moin

hallo

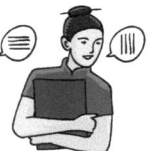

de Översetter

penerjemah

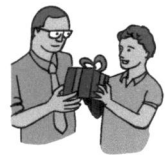

Dank ok

terima kasih

Wat kost…?

Berapa harganya…?

Ik verstah nich

saya tidak mengerti

dat Problem

masalah

Goden Avend

Selamat malam!

Moin!

Selamat siang!

Gode Nacht!

Selamat tidur!

Tschüüs

sampai jumpa

de Richt

arah

de Bagaasch

bagasi

de Tasch

tas

de Rüchsack

ransel

de Gast

tamu

de Stuuv

ruang

de Slaapsack

kantong tidur

dat Telt

tenda

Touristeninformatschoon

informasi wisata

de Strand

pantai

de Kreditkoort

kartu kredit

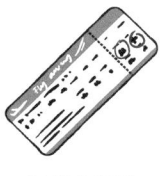

dat Fröhstück

sarapan

dat Meddageten

makan siang

dat Avendeten

makan malam

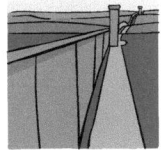

de Fohrkort

tiket

de Fohrstohl

elevator

de Breefmark

perangko

de Grenz

perbatasan

de Toll

cukai

de Bottschop

kedutaan

dat Visum

visa

de Pass

paspor

de Transport
transportasi

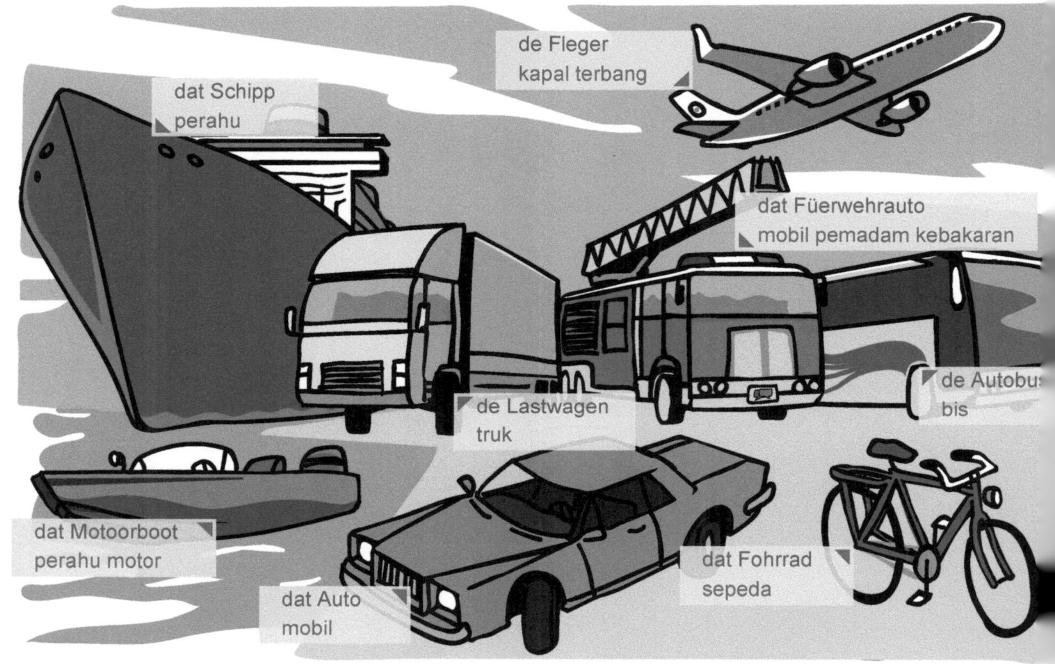
de Fleger
kapal terbang
dat Schipp
perahu
dat Füerwehrauto
mobil pemadam kebakaran
de Autobu
bis
de Lastwagen
truk
dat Motoorboot
perahu motor
dat Fohrrad
sepeda
dat Auto
mobil

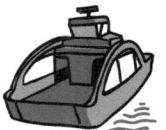

de Fähr

feri

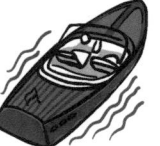

dat Boot

perahu

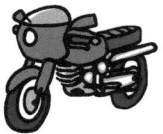

dat Motoorrad

sepeda motor

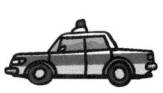

dat Polizeiauto

mobil polisi

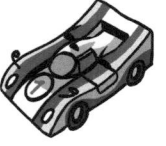

dat Rönnauto

mobil balapan

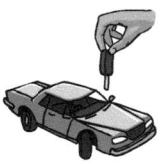

de Lehnwagen

mobil sewa

dat Carsharing

berbagi mobil

de Afsleepwagen

truk derek

dat Müllauto

truk sampah

de Motoor

motor

de Kraftstoff

bahan bakar

de Tanksteed

bensin

dat Verkehrsschild

tanda lalulintas

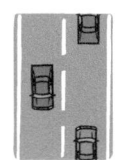

de Verkehr

lalulintas

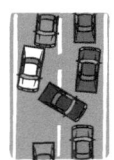

de Stau

macet

de Afstellplatz

parkir mobil

de Bahnhoff

stasiun kereta

de Sporen

trek

de Tog

kereta api

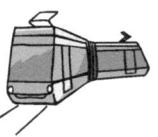

de Stratenbahn

tram

de Wagon

gerobak

de Dwarsmöhl

helikopter

de Flooghaven

bendara

de Tower

menara

de Fohrgast

penumpang

de Grootkist

container

de Karton

karton

de Koor

troli

de Korf

keranjang

starten / lannen

berangkat / mendarat

de Stadt
kota

dat Dörp

desa

de Binnenstadt

pusat kota

dat Huus

rumah

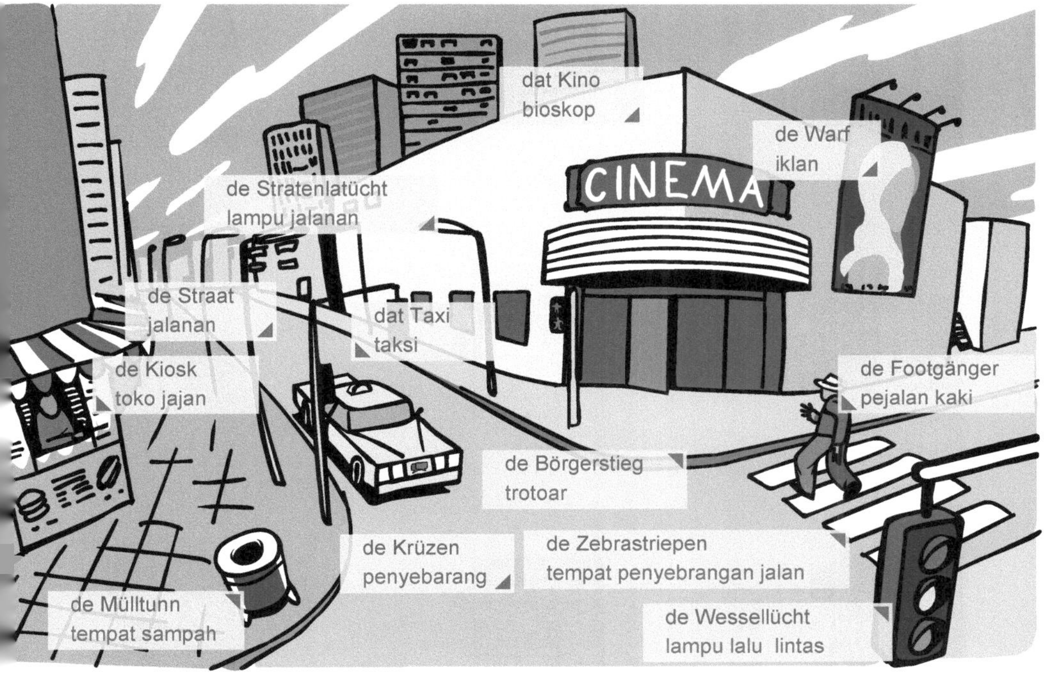
dat Kino
bioskop
de Warf
iklan
CINEMA
de Stratenlatücht
lampu jalanan
de Straat
jalanan
dat Taxi
taksi
de Kiosk
toko jajan
de Footgänger
pejalan kaki
de Börgerstieg
trotoar
de Krüzen
penyebarang
de Zebrastriepen
tempat penyebrangan jalan
de Mülltunn
tempat sampah
de Wessellücht
lampu lalu lintas

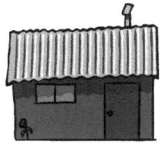

de Hütt

gubuk

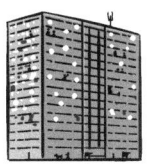

de Wahnung

rumah flat

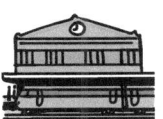

de Bahnhoff

stasiun kereta

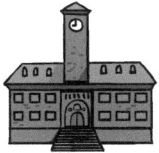

dat Raathuus

balai kota

MUSEUM

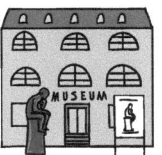

dat Museum

museum

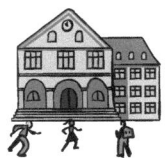

de School

sekolah

de Universität

universitas

de Bank

bank

dat Krankenhuus

rumah sakit

dat Hotel

hotel

de Afteek

farmasi

dat Büro

kantor

de Bookhökerie

toko buku

de Hökerie

toko

de Blomenhökerie

toko bunga

de Supermarkt

supermarket

de Markt

pasar

dat Koophuus

toko serba ada

de Fischhökerie

nelayan

dat Inkoopszentrum

pusat belanja

de Haven

pelabuhan

de Stadt - kota

de Parkanlaag

taman

de Bank

banku

de Brüch

jembatan

de Trepp

tangga

de Ünnergrundbahn

kereta bawah tanah

de Tunnel

terowongan

de Busstoppsteed

pemberhantian bis

de Bar

bar

dat Spieslokal

restauran

de Breefkassen

kotak surat

dat Stratenschild

tanda jalan

de Parkklock

meteran parkir

de Deertenpark

kebun binatang

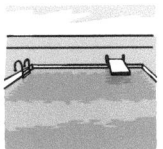

de Baadanstalt

kolam renang

de Moschee

mesjid

de Buernhoff

pertanian

de Ümweltversmudden

polusi

de Karkhoff

kuburan

de Kark

gereja

de Speelplatz

tempat bermain

de Tempel

pura

de Landschop
pemandangan

dat Blatt
daun

de Wiespahl
penunjuk arah

de Weg
jalanan

de Wisch
padang rumput

de Steen
batu

de Wannerer
pejalak kaki

de Boom
pohon

de Fluss
sungai

dat Gras
rumput

de Bloom
bunga

dat Daal

lembah

de Barg

bukit

de See

danau

dat Holt

hutan

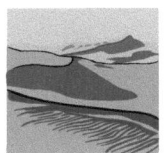

de Wööst

padang gurun

de Füerspien Barg

gunung berapi

dat Slott

istana

de Regenbagen

pelangi

de Poggenstohl

jamur

de Palm

pohon palem

de Steekmück

nyamuk

de Fleeg

lalat

de Miegeemk

semut

de Imm

lebah

de Spinn

laba-laba

de Landschop - pemandangan

de Sebber

kumbang

de Pogg

kodok

de Katteker

tupai

de Swienegel

landak

de Haas

kelinci

de Uul

burung hantu

de Vagel

burung

de Swaan

angsa

dat Wildswien

babi jantan

de Hirsch

rusa

de Elk

rusa

de Staudamm

bendungan

dat Windrad

turbin angin

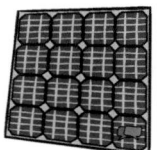

dat Solarmodul

panel surya

dat Klima

iklim

dat Spieslokal
restauran

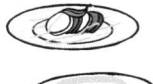

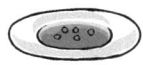

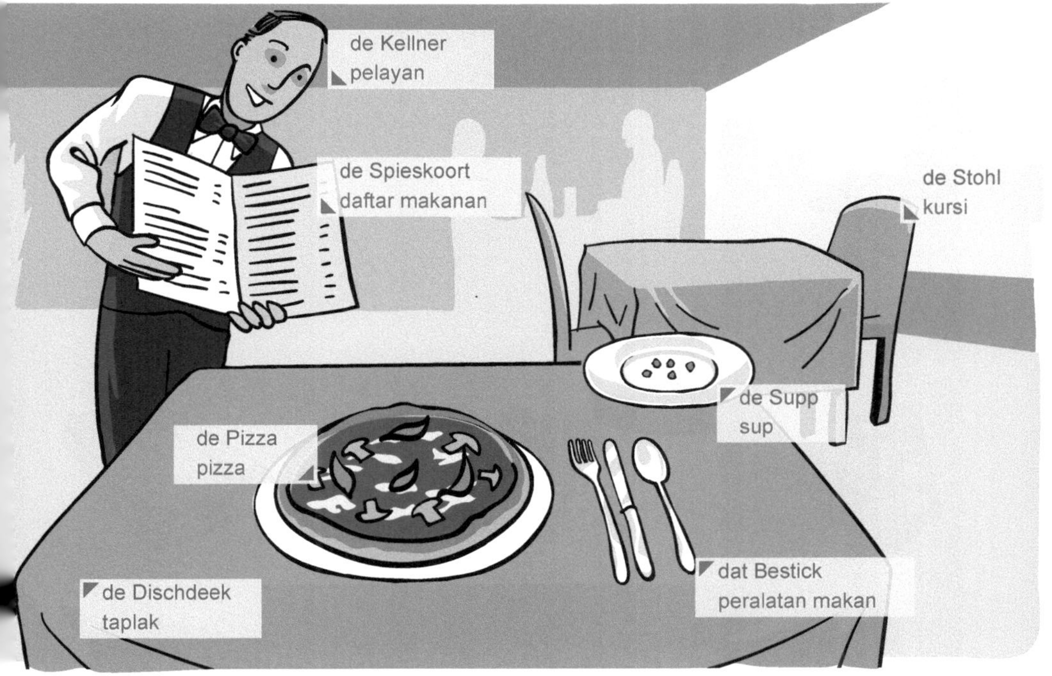
de Kellner
pelayan
de Spieskoort
daftar makanan
de Stohl
kursi
de Supp
sup
de Pizza
pizza
dat Bestick
peralatan makan
de Dischdeek
taplak

de Vörspies

hindangan pembuka

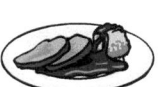

dat Haupteten

hidangan utama

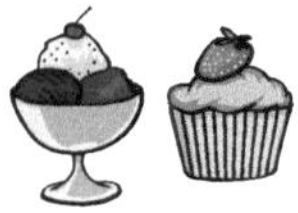

de Nadisch

hidangan penutup

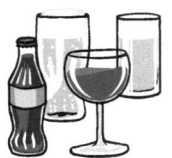

de Drünk

minuman

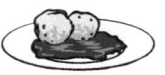

dat Eten

makanan

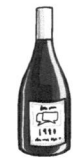

de Buddel

botol

dat Fastfood

fastfood

dat Strateneten

masakan jalanan

de Teekann

teko teh

de Zuckerdoos

kaleng gula

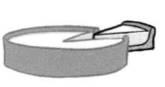

de Portschoon

porsi

de Espressomaschien

mesin espresso

de Hoochstohl

kursi tinggi

de Reken

tagihan

dat Tablett

baki

dat Mess

pisau

de Gavel

garpu

de Lepel

sendok

de Teelepel

sendok teh

dat Munddook

serbet

dat Glas

gelas

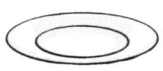

de Töller

piring

de Suppentöller

piring sup

de Ünnertass

lepek

de Sooß

saus

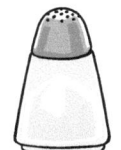

de Soltstreuer

tempat garam

de Pepermöhl

gilingan merica

de Etig

cuka

dat Ööl

minyak

de Krüder

bumbu

de Ketchup

saus tomat

de Mostrich

mustar

de Mayonnaise

mayones

de Supermarkt

supermarket

dat Anbott
penawaran khusus
FOR
de Kunn
klien
de Melkprodukten
produk susu
dat Aaft
buah
de Inkoopswagen
troli

BUTCHERS

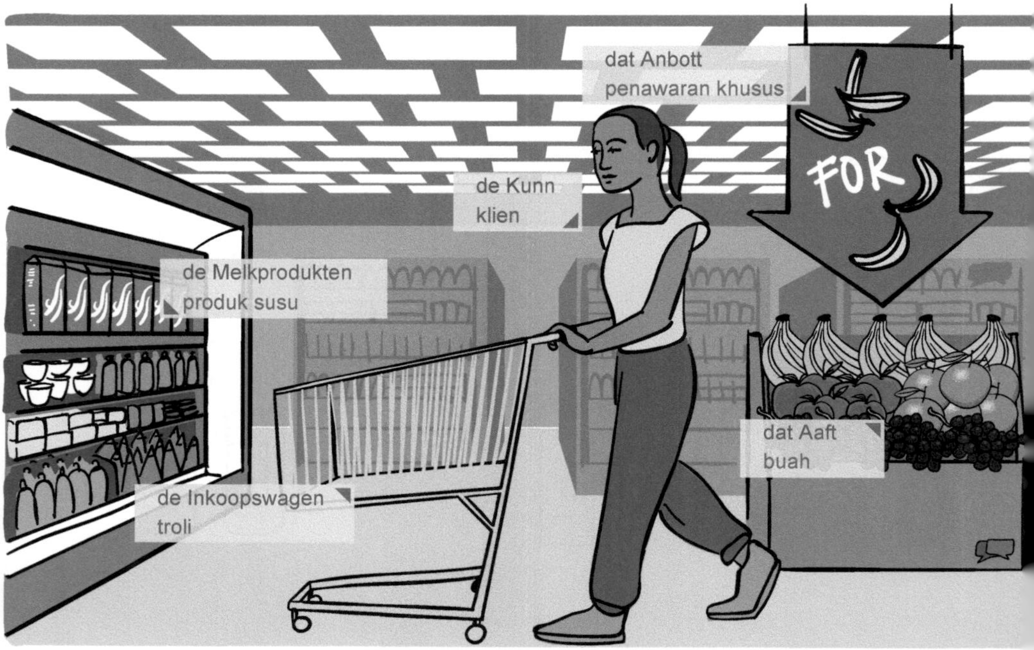

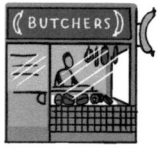

de Slachterie

pembantai

BAKERY

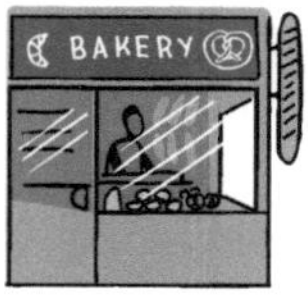

de Bäckerie

toko roti

wegen

menimbang

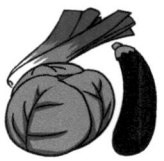

de Gröönsaken

sayur

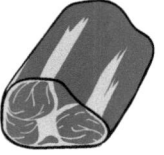

dat Fleesch

daging

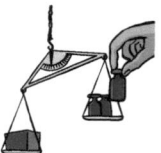

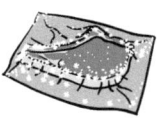

de Deepköhlkost

makanan beku

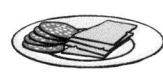

de Opsnitt

pemotongan dingin

de Konserven

makanan kaleng

de Waschmiddel

sabun serbuk

de Snoopkraam

permen

de Huushooltssaken

alat-alat rumah tangga

de Reinmaaktüüch

obat pembersihan

de Verköpersche

penjual

de Kass

kasa

de Kasserer

kasir

de Inkoopslist

daftar belanja

de Opsparrtieden

jam buka

de Breeftasch

dompet

de Kreditkoort

kartu kredit

de Tasch

tas

de Plastiktüüt

kantong plastik

de Supermarkt - supermarket

dat Water

air

de Saft

jus

de Melk

susu

de Cola

cola

de Wien

anggur

dat Beer

bir

de Spriet

alkohol

de Kakao

coklat

de Tee

teh

de Koffie

kopi

de Espresso

espresso

de Cappucino

cappucino

de Banaan

pisang

de Appel

apel

de Appelsien

jeruk

de Meloon

semangka

de Zitroon

jeruk lemon

de Wöttel

wortel

de Knuuvlook

bawang putih

de Bambus

bambu

de Zibbel

bawang bombai

de Poggenstohl

jamur

de Nööt

kacang

de Nudeln

mi

de Spaghetti

spagetti

de Ries

nasi

de Salat

salat

de Pommes frites

kentang goreng

de Braadkantüffeln

kentang goreng

de Pizza

pizza

de Hamborger

hamburger

dat Sandwich

sandwich

dat Snitzel

sayatan

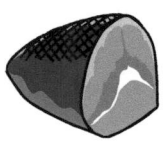

de Schinken

ham

de Salami

salami

de Wust

sosis

dat Hohn

ayam

de Braden

menggoreng

de Fisch

ikan

de Haverflocken

bubur gandum

dat Müsli

sereal

de Cornflakes

cornflakes

dat Mehl

tepung

de Croissant

croissant

dat Rundstück

roti

dat Broot

roti

dat Toast

toast

de Keksen

biskuit

de Botter

mentega

de Quark

dadih

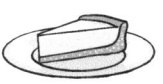

de Koken

kue

dat Ei

telur

dat Spegelei

telur goreng

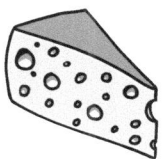

de Kees

keju

de les

eskrim

de Zucker

gula

de Honnig

madu

de Marmelaad

selai

de Nougat-Creme

krim nugat

dat Curry

kare

dat Eten - makanan

de Buernhoff
pertanian

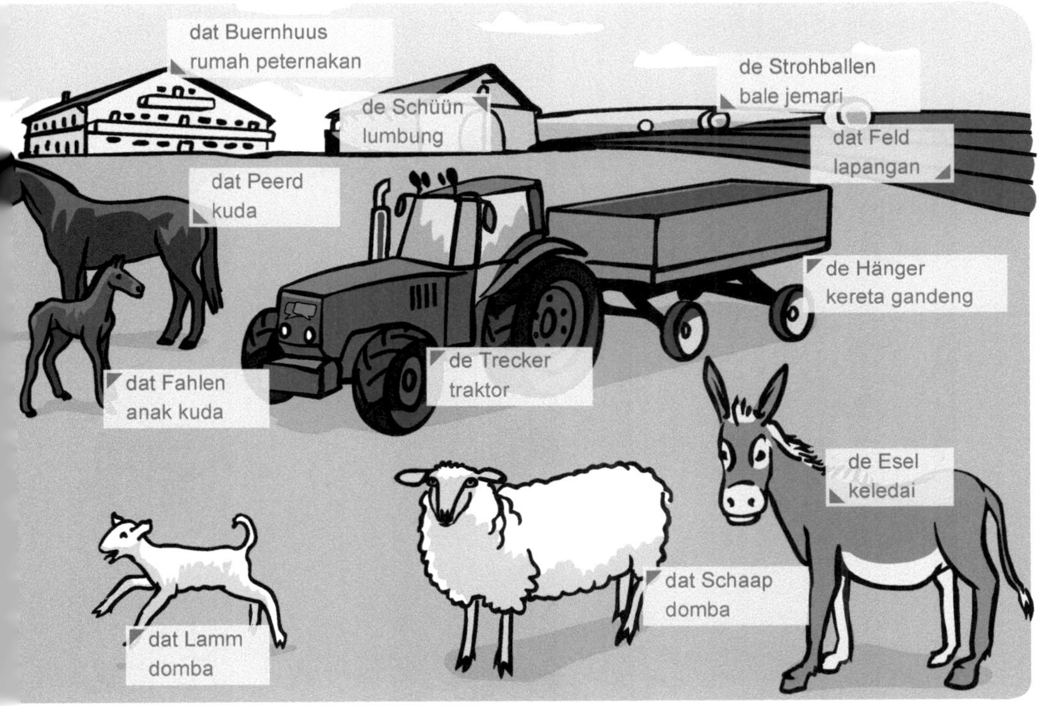
dat Buernhuus
rumah peternakan
de Schüün
lumbung
de Strohballen
bale jemari
dat Feld
lapangan
dat Peerd
kuda
de Hänger
kereta gandeng
de Trecker
traktor
dat Fahlen
anak kuda
de Esel
keledai
dat Schaap
domba
dat Lamm
domba

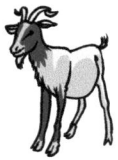

de Zeeg

kambing

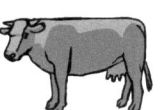

de Koh

sapi

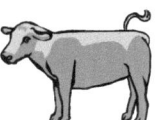

dat Kalf

betis

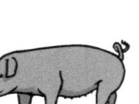

dat Swien

babi

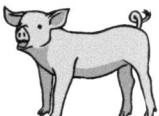

dat Farken

celeng

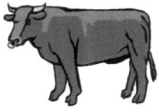

de Bull

banteng

de Goos

angsa

de Aant

bebek

dat Küken

anak ayam

dat Hohn

ayam

de Hahn

ayam jantan

de Rott

tikus

de Katt

kucing

de Muus

tikus

de Oss

lembu

de Hund

anjing

de Hunnenhütt

rumah anjing

de Goornslauch

selang

de Geetkann

penyiram

de Lee

sabit

de Ploog

bajak

de Sich

sabit

de Hack

cangkul

de Mestfork

garpu rumput

de Ext

kapak

de Schuufkoor

gerobak

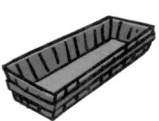

de Trog

palung

de Melkkann

kaleng susu

de Sack

karung

de Tuun

pagar

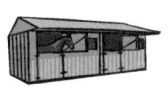

de Stall

kandang

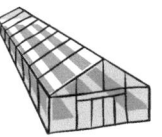

dat Drievhuus

rumah kaca

de Bodden

tanah

de Saat

benih

de Dünger

pupuk

de Meihdöscher

mesin pemanen

oornen

panen

de Oorn

panen

de Yamswöttel

yams

de Weten

gandum

dat Soja

kedelai

de Kantüffel

kentang

de Törksche Weten

jagung

de Rapp

lobak

de Aaftboom

pohon buah

de Troopsch Kantüffel

singkong

dat Koorn

sereal

dat Huus

rumah

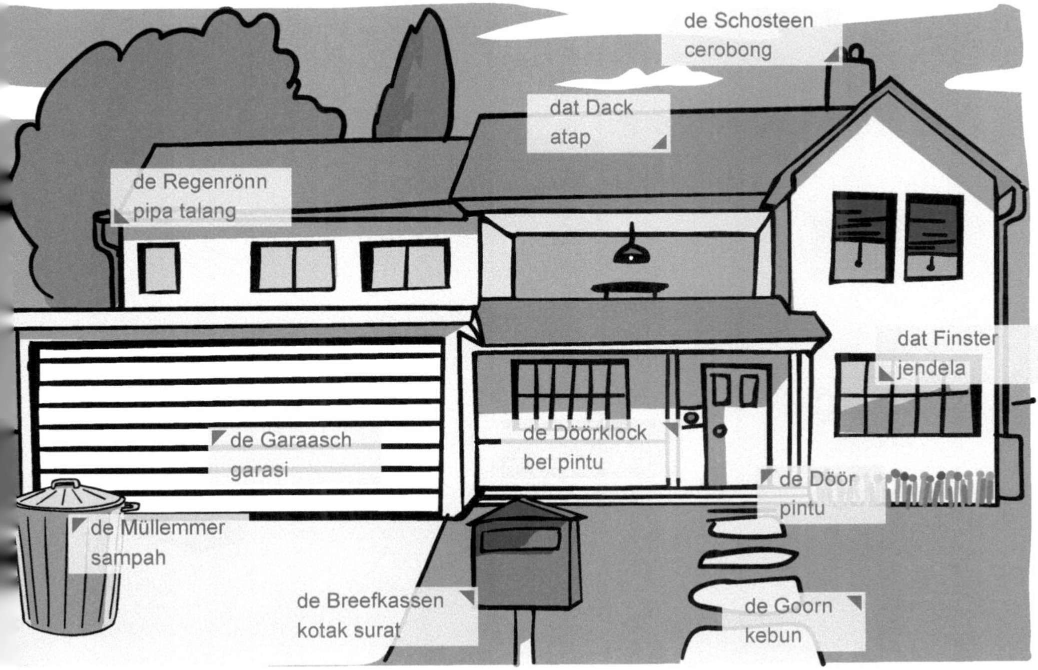
de Schosteen
cerobong
dat Dack
atap
de Regenrönn
pipa talang
dat Finster
jendela
de Garaasch
garasi
de Döörklock
bel pintu
de Döör
pintu
de Müllemmer
sampah
de Breefkassen
kotak surat
de Goorn
kebun

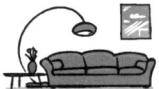

de Wahnstuuv
ruang tamu

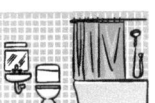

de Baadstuuv
kamar mandi

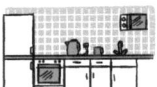

de Köök
dapur

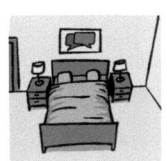

de Slaapstuuv
kamar tidur

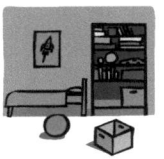

de Kinnerstuuv
kamar anak

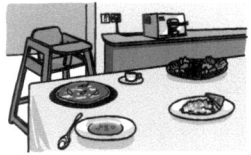

de Eetstuuv
kamar makan

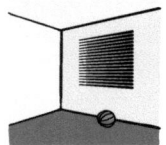

de Footbodden

lantai

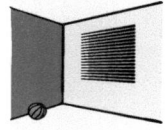

de Wand

tembok

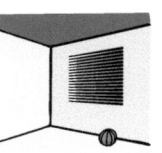

de Deek

atap

de Keller

gudang di bawah tanah

dat Hittluftbad

sauna

de Balkon

balkon

de Terrass

teras

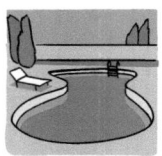

dat Swümmbad

kolam renang

de Rasenmeiher

mesin pemotong rumput

de Bettbetog

sprei

de Bettdeek

selimut

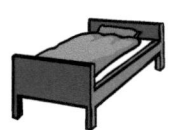

de Puuch

tempat tidur

de Bessen

sapu

de Emmer

ember

de Schalter

tombol

de Wahnstuuv
ruang tamu

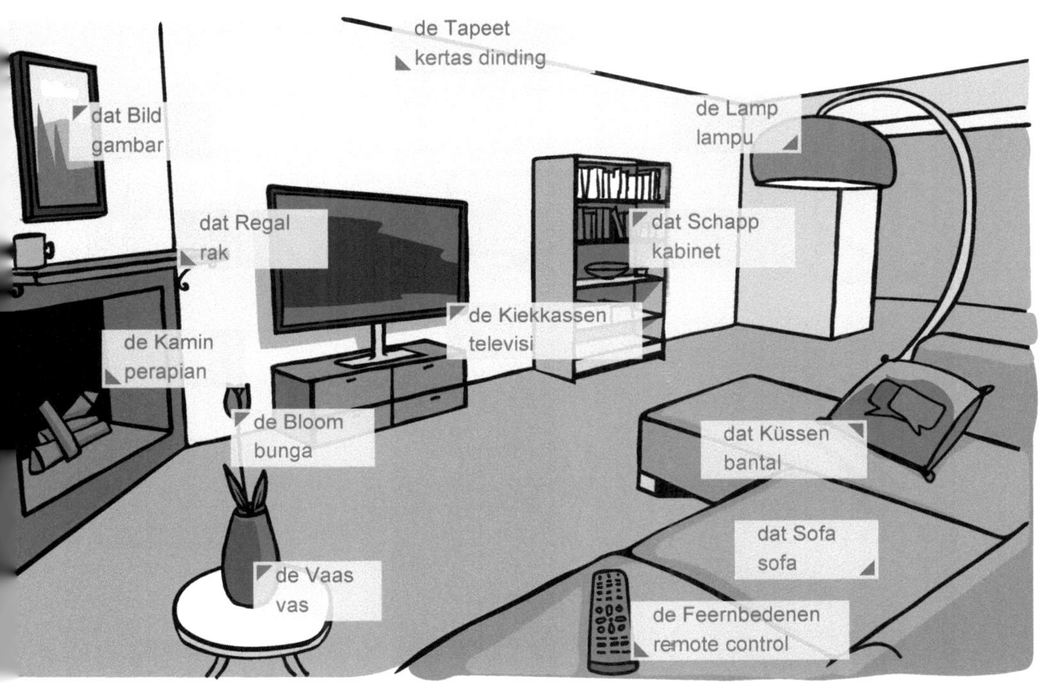

de Tapeet
kertas dinding
dat Bild
gambar
de Lamp
lampu
dat Regal
rak
dat Schapp
kabinet
de Kiekkassen
televisi
de Kamin
perapian
de Bloom
bunga
dat Küssen
bantal
dat Sofa
sofa
de Vaas
vas
de Feernbedenen
remote control

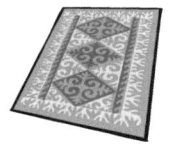

de Teppich

karpet

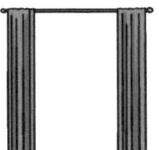

de Vörhang

korden

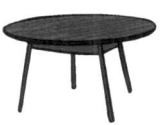

de Disch

meja

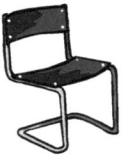

de Stohl

kursi

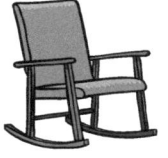

de Schuckelstohl

kursi goyang

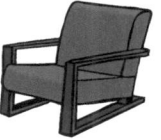

de Sessel

kursi malas

dat Book
buku

de Deek
selimut

de Dekoratschoon
dekorasi

dat Füerholt
kayu bakar

de Film
filem

de Stereoanlaag
hi-fi

de Slötel
kunci

dat Narichtenblatt
koran

dat Gemälde
lukisan

dat Poster
poster

dat Radio
radio

de Opschrievblock
buku tulis

de Huulbessen
penyedot debu

de Kaktus
kaktus

de Kars
lilin

de Köök
dapur

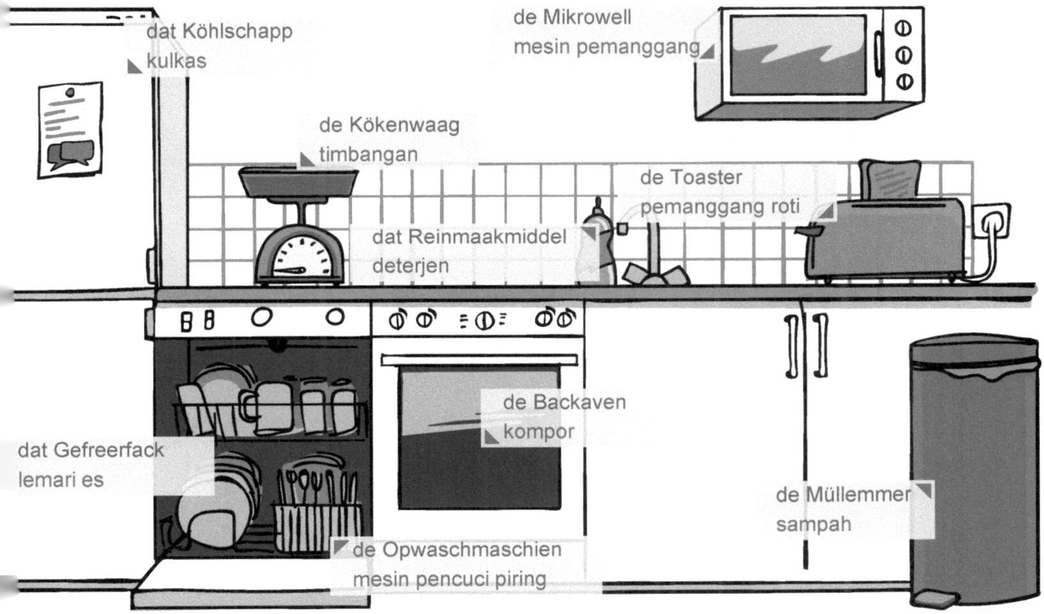
dat Köhlschapp
kulkas
de Mikrowell
mesin pemanggang
de Kökenwaag
timbangan
de Toaster
pemanggang roti
dat Reinmaakmiddel
deterjen
de Backaven
kompor
dat Gefreerfack
lemari es
de Müllemmer
sampah
de Opwaschmaschien
mesin pencuci piring

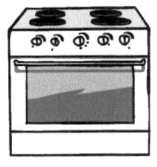

de Heerd

kompor

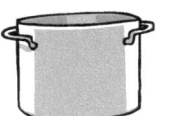

de Pott

panci

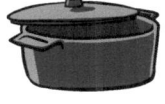

de Gussiesern Putt

panci besi

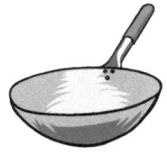

de Wok / Kadai

wajan

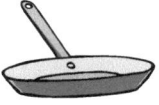

de Pann

panci

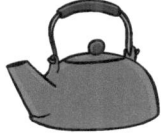

de Waterkaker

pemanas air

de Dampkaakputt

panci pengukus makanan

dat Backblick

nampan

dat Geschirr

piring

de Beker

cangkir

de Schaal

mangkok

de Eetsticken

sumpit

de Suppenkell

sendok sup

de Pannenwenner

sudip

de Sneebessen

mengocok

dat Kaakseef

saringan

dat Seef

saringan

de Riev

parutan

de Mörser

mortir

de Grill

barbeque

de Füerstell

api terbuka

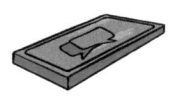

dat Sniedbrett

papan memotong

dat Nudelholt

gilingan

de Proppentrecker

alat pembuka botol

de Doos

kaleng

de Dosenaapner

pembuka kaleng

de Pottlappen

pegangan panci

dat Waschbecken

wastafel

de Böst

sikat

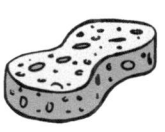

de Swamm

busa

de Mixer

mesin pencampur

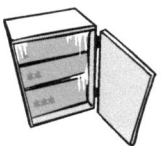

dat Iesschapp

lemari es

de Nuckelbuddel

botol bayi

de Waterhahn

keran

de Baadstuuv
kamar mandi

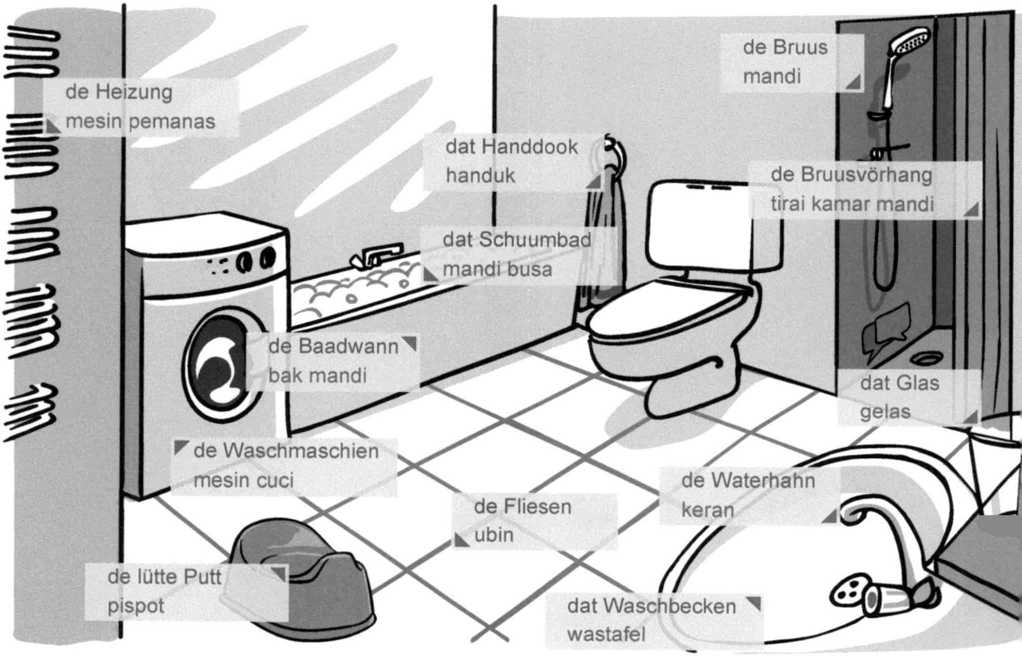
de Bruus
mandi
de Heizung
mesin pemanas
dat Handdook
handuk
de Bruusvörhang
tirai kamar mandi
dat Schuumbad
mandi busa
de Baadwann
bak mandi
dat Glas
gelas
de Waschmaschien
mesin cuci
de Waterhahn
keran
de Fliesen
ubin
de lütte Putt
pispot
dat Waschbecken
wastafel

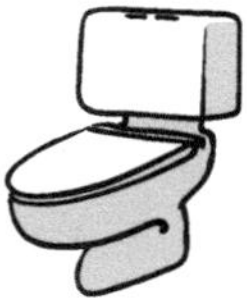

de Tante Meier

toilet

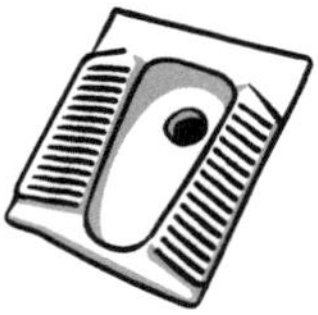

de Hockklo

toilet jongkok

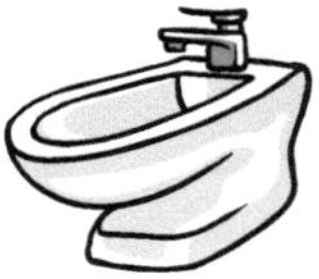

dat Bidet

bidet

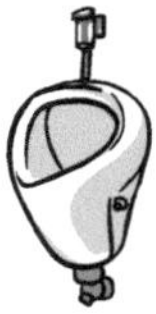

dat Miegbecken

pissoir

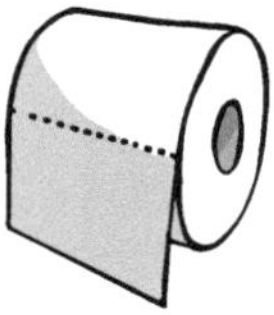

dat Klopapeer

kertas toilet

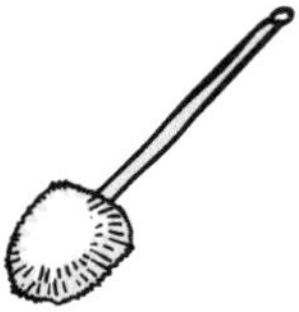

de Kloböst

sikat toilet

de Tähnböst

sikat gigi

de Tähnpast

pasta gigi

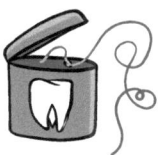

de Tähnsied

benang gigi

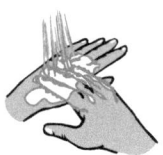

waschen

menyuci

de Handbruus

pancuran tangan

de Intimbruus

pancuran

de Waschschöttel

bak

de Rüchböst

sikat punggung

de Seep

sabun

dat Bruusgeel

gel mandi

dat Hoorwaschmiddel

sampo

de Waschlappen

planel

de Afloop

kuras

de Creme

krim

dat Deodorant

deodoran

de Spegel

kaca

de Kosmetikspegel

cermin tangan

de Raserer

pisau cukur

de Raseerschuum

busa cukur

dat Raseerwater

aftershave

de Kamm

sisir

de Böst

sikat

de Hoordröger

alat pengering rambut

dat Hoorspray

semprot rambut

de Smink

makeup

de Lippensticken

lipstik

de Nagellack

cat kuku

de Watt

kapas

de Nagelscheer

gunting kuku

dat Rüükwater

minyak wangi

de Kulturbüdel

kantong pencuci

de Schemel

bangku

de Waag

timbangan

de Baadmantel

mantel mandi

de Gummihanschen

sarung tangan karet

de Tampon

tampon

de Damenbinn

handuk pembalut

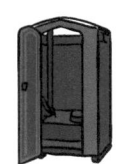

dat Chemieklo

toilet kimia

de Kinnerstuuv

kamar anak

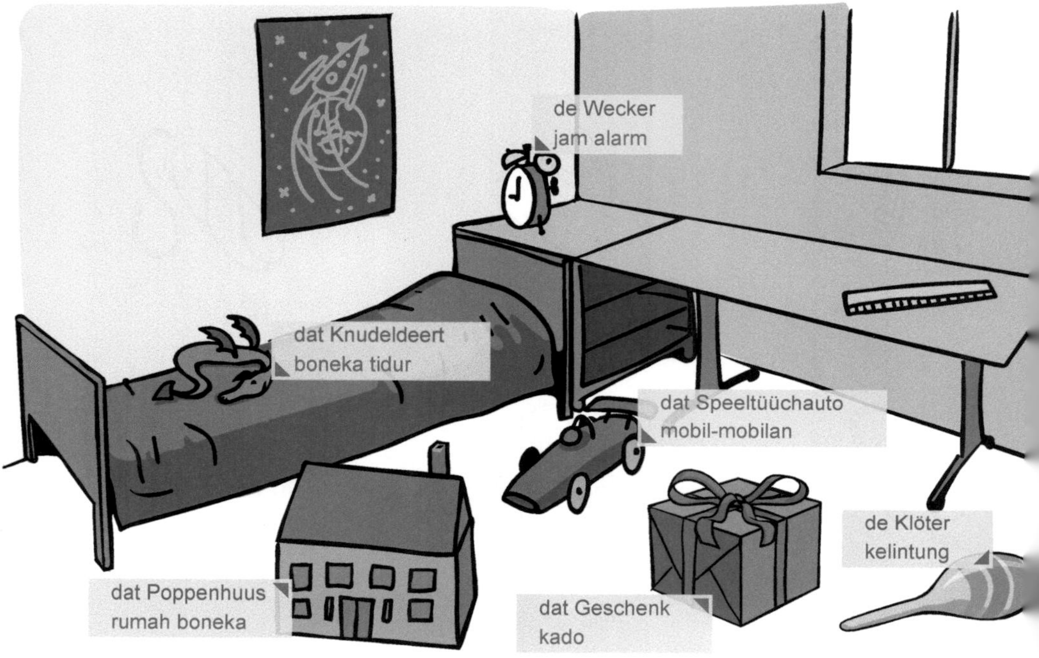

de Wecker
jam alarm
dat Knudeldeert
boneka tidur
dat Speeltüüchauto
mobil-mobilan
de Klöter
kelintung
dat Poppenhuus
rumah boneka
dat Geschenk
kado

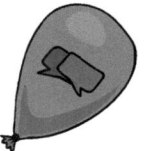

de Luftballon

balon

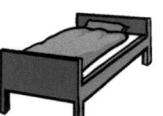

de Puuch

tempat tidur

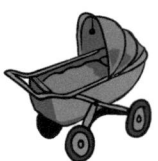

de Kinnerwagen

kereta bayi

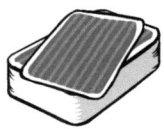

dat Koortenspeel

mainan kartu

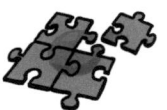

dat Puzzle

teka-teki

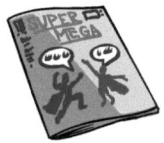

de Billergeschicht

komik

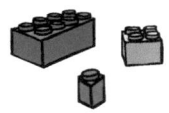

de Legostenen

mainan lego

de Bustenen

blok mainan

de Action-Figur

figur aksi

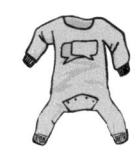

de Strampelantog

baju monyet

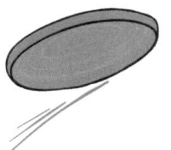

de Frisbeeschiev

frisbee

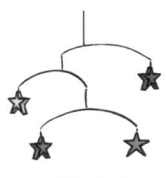

dat Mobile

mobile

dat Brettspeel

permainan papan

de Wörpel

dadu

de Modelliesenbahn

set model kreta api

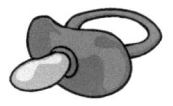

de Snuller

dot

de Party

pesta

dat Billerbook

buku gambar

de Ball

bola

de Popp

boneka

spelen

bermain

de Sandkassen

tempat main pasir

de Schuckel

ayunan

dat Speeltüüch

mainan

de Speelkonsool

video game konsol

dat Dreerad

sepeda roda tiga

de Teddyboor

teddy

dat Klederschapp

lemari pakaian

dat Tüüch

pakaian

de Socken

kaos kaki

de Strümp

kaos kaki

de Strumpbüx

baju ketat

dat Halsdook
syal

de Liefreem
sabuk

de Paraplü
payung

dat T-Shirt
kaos

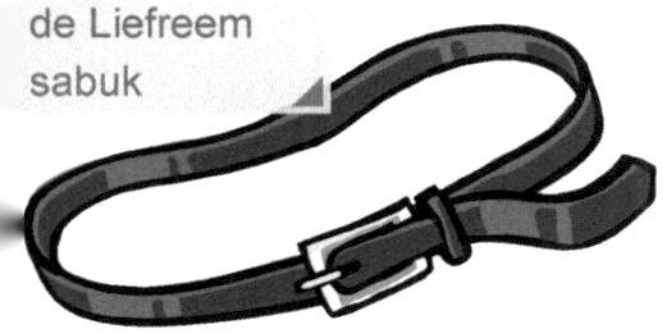

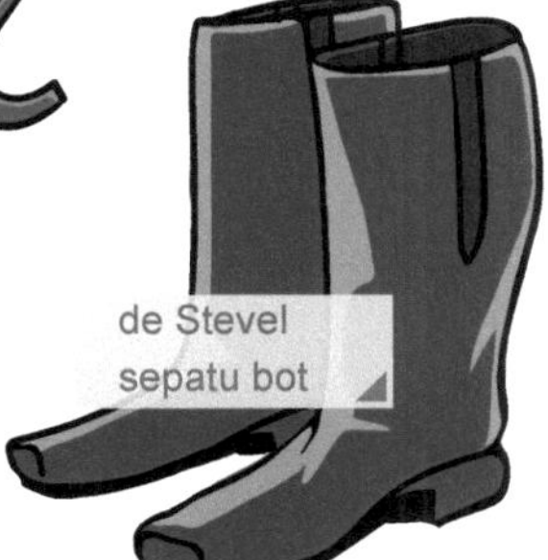

de Stevel
sepatu bot

de Puuschen
sandal

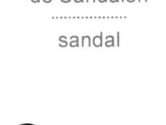

de Turnschoh
sepatu

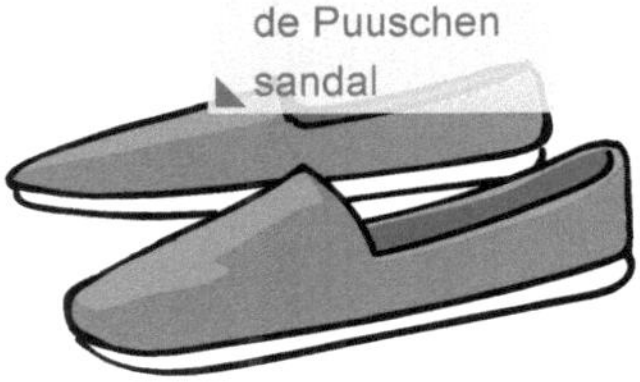

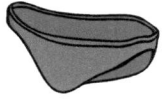

de Sandalen
....
sandal

de Schoh
....
sepatu

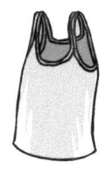

de Gummistevel
....
sepatu bot karet

de Ünnerbüx
....
celana dalam

de Bostholler
....
BH

dat Ünnerhemd
....
baju rompi

de Lief

body

de Büx

celana

de Jeansnüx

jeans

de Rock

rok

de Bluus

blus

dat Hemd

kemeja

de Pullover

aket berkerudung

de Kapuzenpullover

sweater

de Blazer

jaket

de Jack

jaket

de Mantel

mantel

de Övertrecker

jas hujan

dat Kostüm

kostum

dat Kleed

gaun

dat Hochtietskleed

gaun pengantin

de Antog

setelan resmi

dat Nachtkleed

gaun tidur

de Slaapantog

piyama

de Sari

sari

dat Koppdook

jilbab

de Turban

turban

de Burka

burka

de Kaftan

kaftan

de Abaya

abaya

de Baadantog

pakaian renang

de Baadbüx

celana renang

de Korte Büx

celana pendek

de Antog to'n Öven

olah raga

de Schört

celemek

de Handschoh

sarung tangan

de Knopp

kancing

de Brill

kacamata

dat Armband

gelang

de Halskeed

kalung

de Ring

cincin

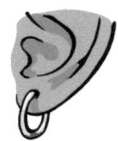

de Ohrbummel

anting

de Mütz

topi

de Klederbögel

gantungan mantel

de Hoot

topi

de Binner

dasi

de Rietslüter

ritsleting

de Helm

helm

dat Drachtband

tali selempang

de Schooluniform

seragam sekolah

de Uniform

seragam

dat Tüüch - pakaian

de Severböten

oto

de Snuller

dot

de Winnel

popok

dat Büro
kantor

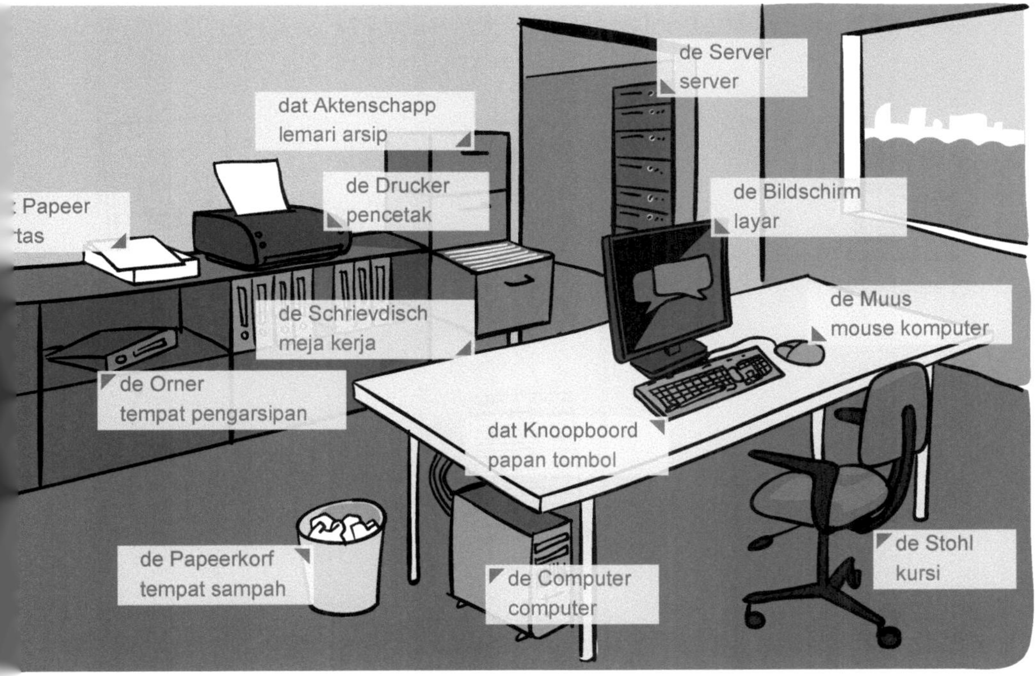

de Server
server

dat Aktenschapp
lemari arsip

: Papeer
tas

de Drucker
pencetak

de Bildschirm
layar

de Schrievdisch
meja kerja

de Muus
mouse komputer

de Orner
tempat pengarsipan

dat Knoopboord
papan tombol

de Papeerkorf
tempat sampah

de Stohl
kursi

de Computer
computer

de Koffiebeker

cangkir kopi

de Taschenreekner

kalkulator

dat Internet

internet

de Klappreekner

laptop

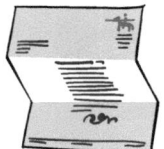

de Breef

surat

de Naricht

pesan

de Ackersnacker

telepon seluler

dat Nettwark

jaringan

de Kopeerapparat

fotokopi

de Software

software

de Klöönkassen

telepon

de Steekdoos

plug soket

de Faxapparat

mesin fax

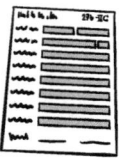

dat Formulor

formulir

dat Dokument

dokumen

köpen

membeli

betahlen

membayar

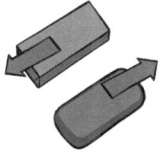

hanneln

berdagang

dat Geld

uang

de Dollar

Dollar

de Euro

Euro

de Yen

Yen

de Ruvel

Rubel

de Swiezer Franken

Franc Swiss

de Renminbi Yuan

Renminbi Yuan

de Rupie

Rupiah

de Geldautomat

ATM

de Wesselstuuv

kantor pertukaran mata uang

dat Gold

emas

dat Sülver

perak

dat Ööl

minyak

de Energie

energi

de Pries

harga

de Verdrag

kontrak

de Stüer

pajak

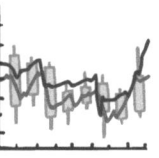

de Andeelschien

saham

arbeiden

bekerja

de Anstellte

karyawan

de Arbeitgever

majikan

de Fabrik

pabrik

de Hökerie

toko

de Profeschonen
pekerjaan

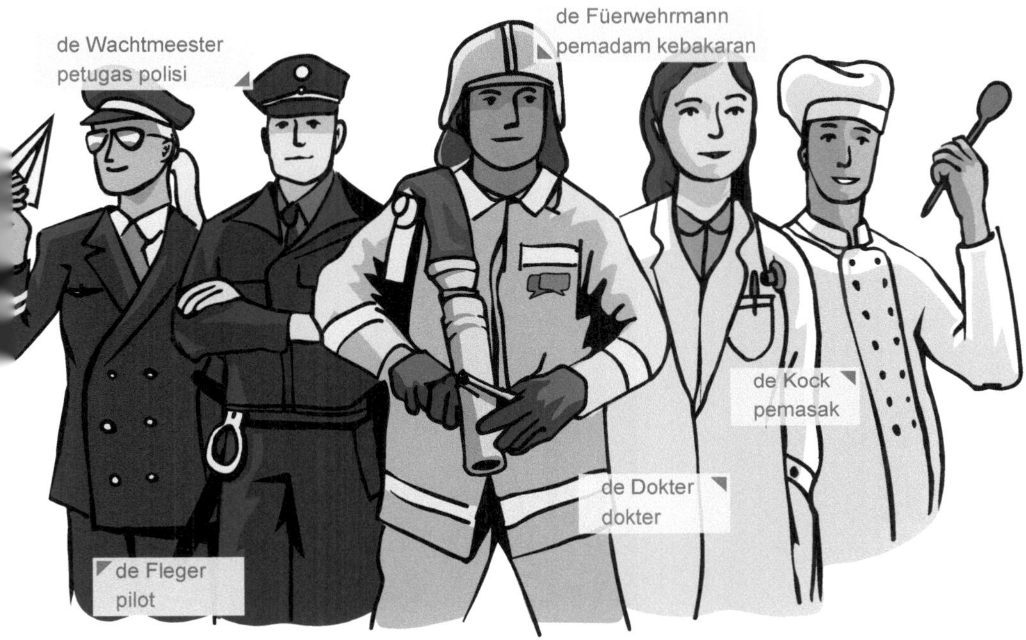
de Füerwehrmann
pemadam kebakaran
de Wachtmeester
petugas polisi
de Kock
pemasak
de Dokter
dokter
de Fleger
pilot

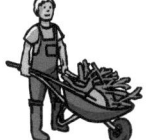

de Goorner

tukan kebun

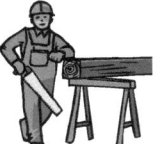

de Discher

tukang kayu

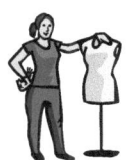

de Neihersche

penjahit wanita

de Richter

hakim

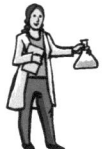

de Chemiker

ahli kimia

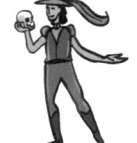

de Schauspeler

aktor

de Busfohrer

sopir bis

de Taxifohrer

sopir taksi

de Fischer

nelayan

de Reinmaakfru

pembantu

de Dackdecker

tukang atap

de Kellner

pelayan

de Jäger

pemburu

de Maler

pelukis

de Bäcker

tukang roti

de Elektriker

tukang listrik

de Buarbeider

pembangun

de Ingenieur

insinyur

de Slachter

tukang daging

de Klempner

tukang ledeng

de Postbüdel

tukang pos

de Profeschonen - pekerjaan

de Suldat

tentara

de Architekt

arsitek

de Kasserer

kasir

de Florist

penjual bunga

de Putzbüdel

penata rambut

de Schaffner

konduktor

de Mechaniker

montir

de Kaptein

kapten

de Tähndokter

dokter gigi

de Wetenschopler

ilmuwan

de Rabbi

rabbi

de Imam

imam

de Mönk

biarawan

de Paap

pendeta

dat Warktüüch
alat

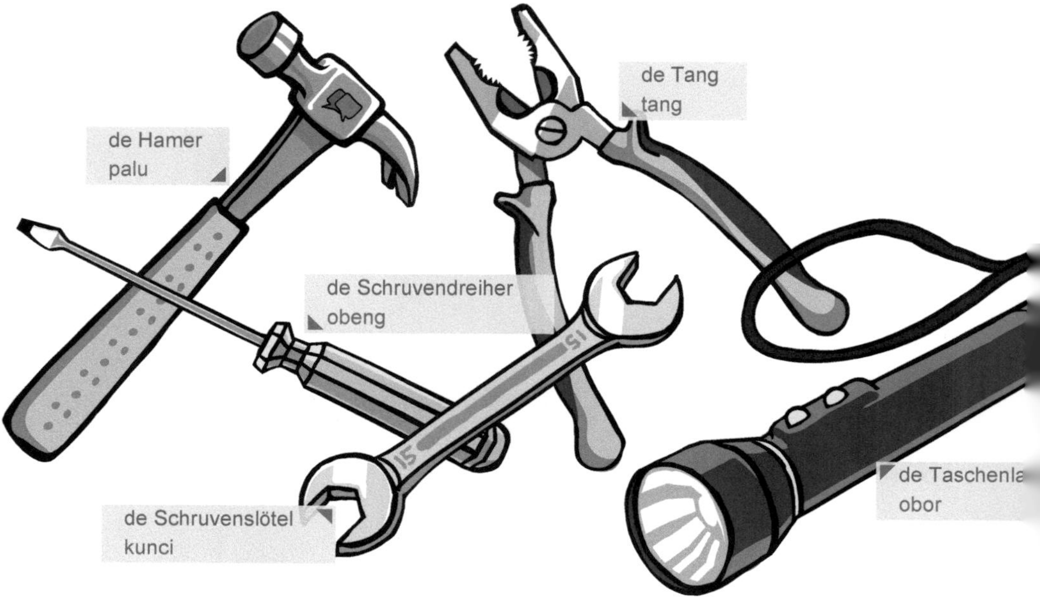

de Hamer
palu
de Tang
tang
de Schruvendreiher
obeng
de Schruvenslötel
kunci
de Taschenla
obor

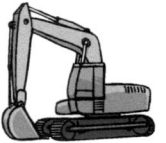

de Grieper
penggali

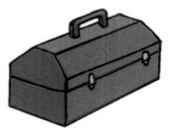

de Warktüüchkassen
tas perkakas

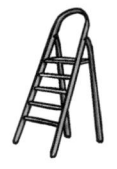

de Ledder
tangga

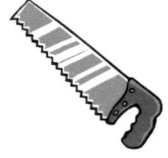

de Saag
gergaji

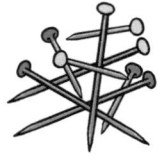

de Nagels
paku

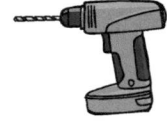

de Bohrer
bor

heelmaken

perbaikan

de Schüffel

sekop

Schiet!

Sialan!

dat Kehrblick

cikrak

de Farvpott

pot cat

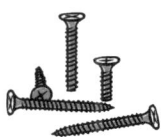

de Schruven

sekrup

de Musikinstrumenten
alat musik

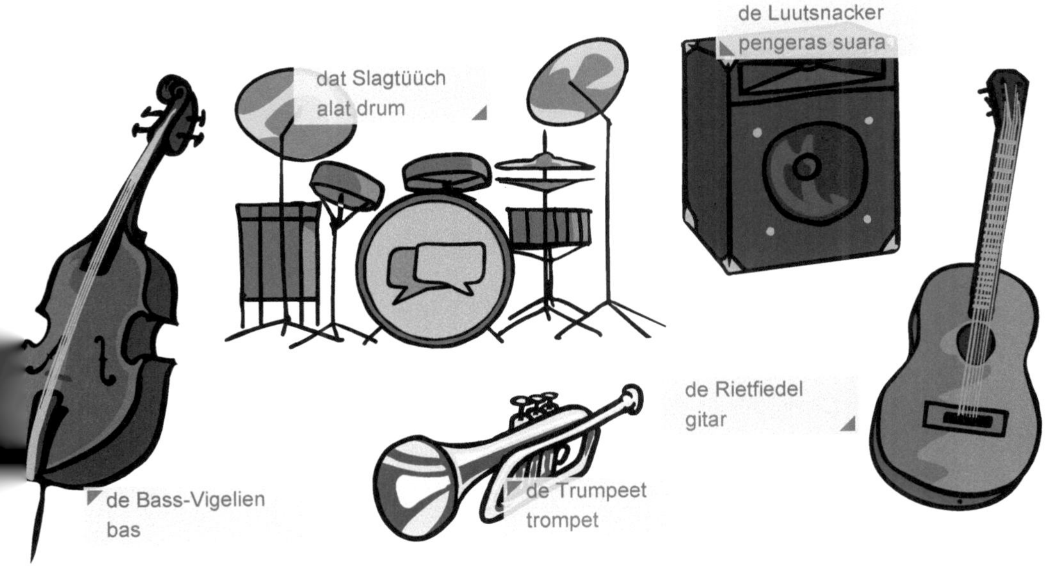

de Luutsnacker
pengeras suara

dat Slagtüüch
alat drum

de Rietfiedel
gitar

de Bass-Vigelien
bas

de Trumpeet
trompet

dat Klaveer

piano

de Vigelien

violin

de Bass

bass

de Pauk

tambur

de Trummeln

drum

dat Keyboard

keyboard

dat Saxophon

saksofon

de Fleut

suling

dat Mikrofoon

mikrofon

de Deertenpark
kebun binatang

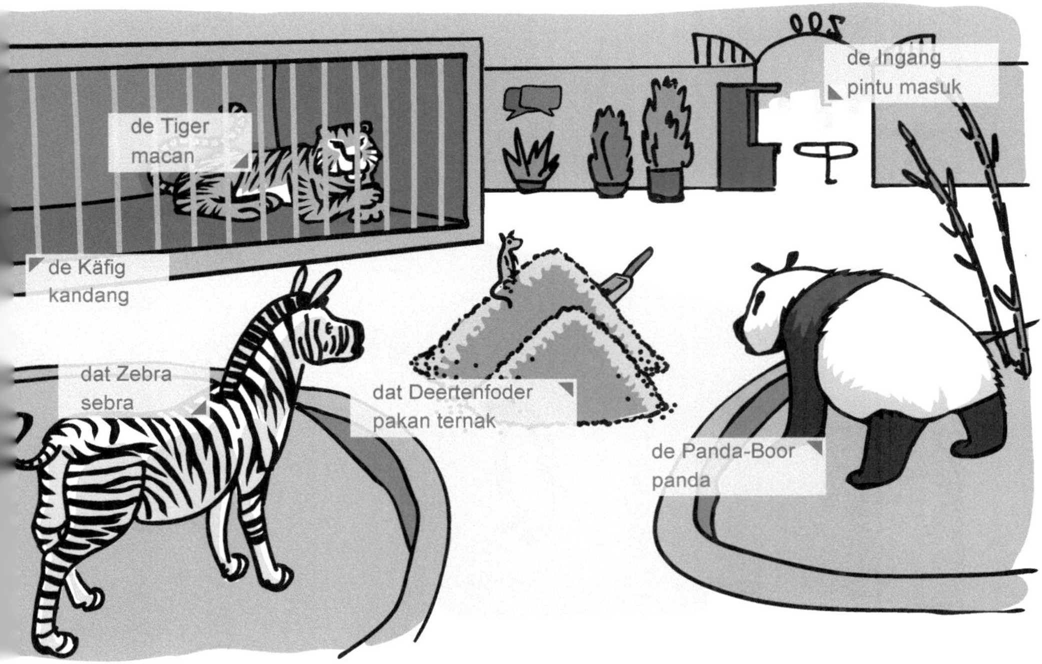

zoo
de Ingang
pintu masuk
de Tiger
macan
de Käfig
kandang
dat Zebra
sebra
dat Deertenfoder
pakan ternak
de Panda-Boor
panda

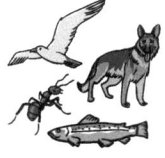

de Deerten
hewan

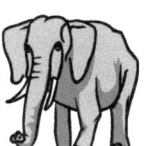

de Elefant
gajah

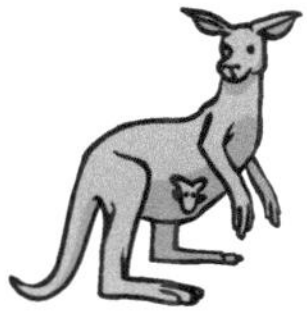

dat Känguru
kanguru

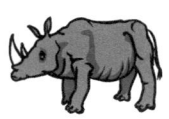

dat Neeshoorn
badak

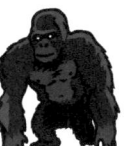

de Gorilla
gorila

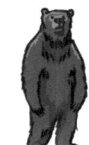

de Boor
beruang

dat Kameel

unta

de Struuß

burung unta

de Lööv

singa

de Aap

monyet

de Flamingo

flamingo

de Papagoi

burung beo

de Iesboor

beruang polar

de Pinguin

penguin

de Haifisch

hiu

de Pageluun

merak

de Slang

ular

dat Krokodil

buaya

de Oppasser in'n
Deertenpark
penjaga kebun binatang

de Saalhund

segel

de Jaguor

jaguar

dat Pony

kuda poni

de Leopard

macan tutul

dat Nilpeerd

kuda nil

de Giraff

jerapah

de Aadler

burung elang

dat Wildswien

babi jantan

de Fisch

ikan

de Schildkrööt

kura-kura

dat Walross

anjing laut

de Voss

rubah

de Gazell

kijang

de Amerikaansch Football
american football

dat Radfohren
naik sepeda

dat Tennis
tennis

de Korfball
basketbal

dat Swümmen
bernang

dat Boxen
tinju

dat Ieshockey
hoki es

de Football
·················
sepak bola

dat Fedderball
·················
badminton

de Leichtathletik
·················
atletik

de Handball
·················
bola tangan

dat Skilopen
·················
main ski

dat Polo
·················
polo

de Aktivitäten
aktivitas

lachen
ketawa
springen
meloncat
ümarmen
memeluk
gahn
berjalan
singen
menyanyi
drömen
mengimpi
beden
berdoa
snuteln
mencium

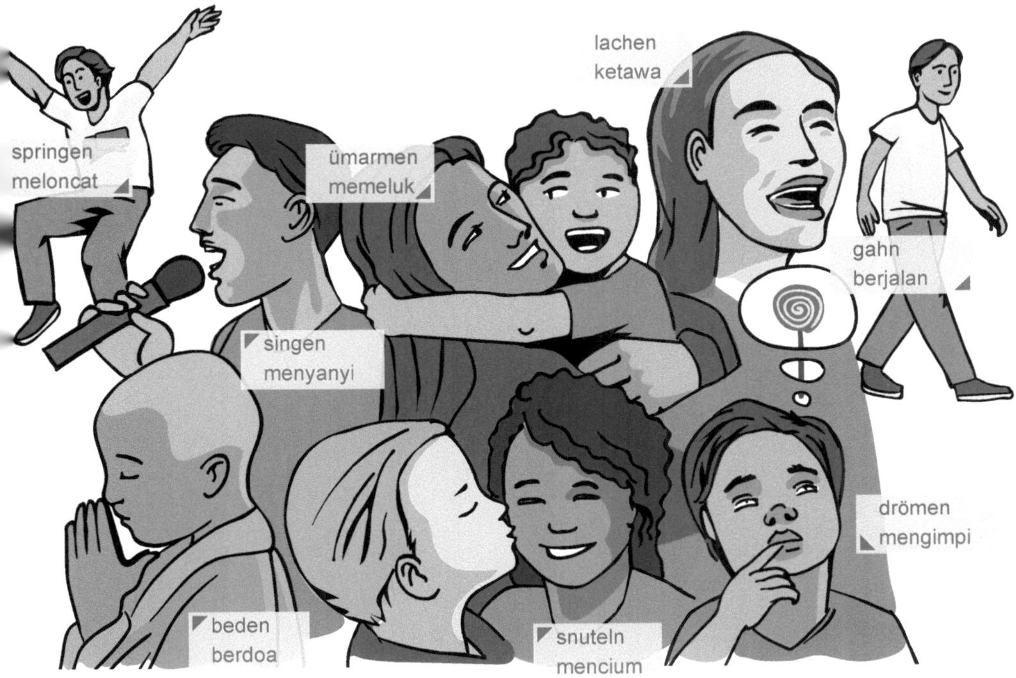

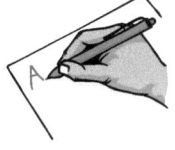

schrieven
menulis

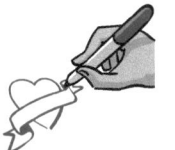

teken
melukis

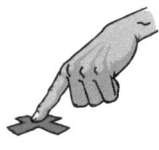

wiesen
menunjuk

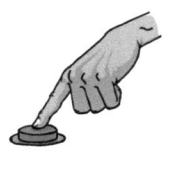

drücken
mendorong

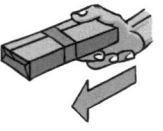

geven
memberikan

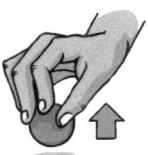

nehmen
mengambil

hebben

mempunyai

doon

melakukan

sien

adalah

stahn

berdiri

lopen

berlari

trecken

menarik

smieten

melempar

fallen

jatuh

liggen

tidur

töven

menunggu

dregen

membawa

sitten

duduk

antrecken

berpakaian

slapen

tidur

opwaken

bangun

ankieken

melihat

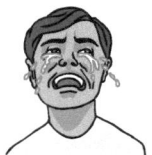

wenen

menangis

eien

mengelus

kämmen

menyisir

snacken

berbicara

verstahn

mengerti

fragen

menanyak

hören

mendengar

drinken

minum

eten

makan

oprümen

merapikan

leefhebben

cinta

kaken

memasak

fohren

menyetir

flegen

terbang

segeln

berlayar

reken

menghitung

lesen

membaca

lehren

belajar

arbeiden

bekerja

de Plünnen tohoopsmieten

menikah

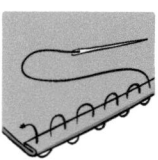

neihen

menjahit

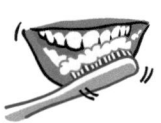

Tähnen putzen

sikat gigi

dootmaken

membunuh

smöken

merokok

schicken

kirim

de Familje

keluarga

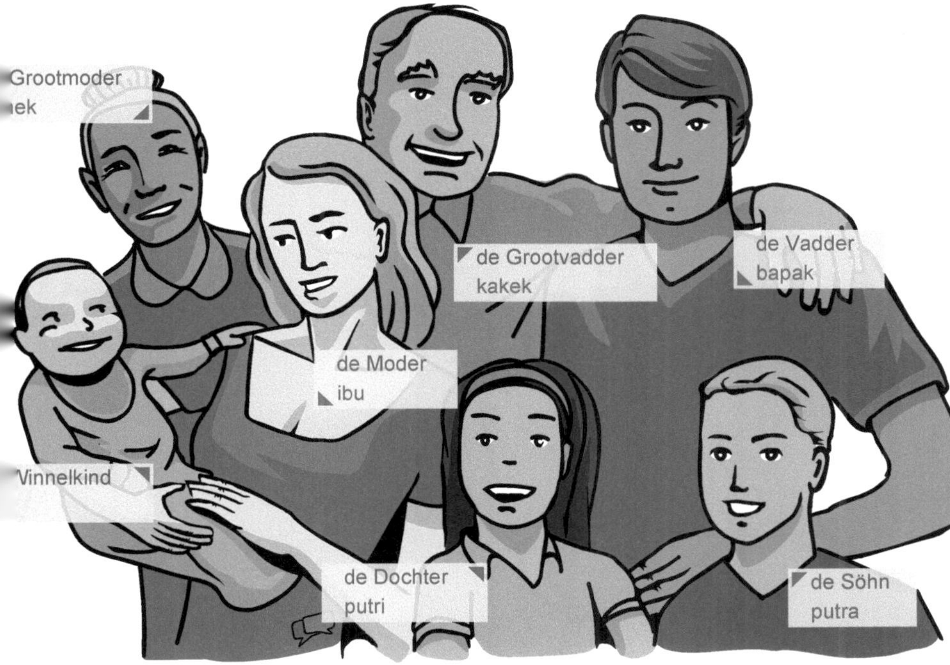

Grootmoder
ek
de Grootvadder
kakek
de Vadder
bapak
de Moder
ibu
Vinnelkind
de Dochter
putri
de Söhn
putra

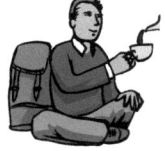

de Gast

tamu

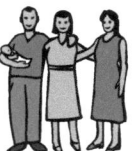

de Tant

bibi

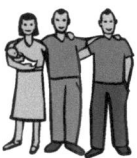

de Unkel

paman

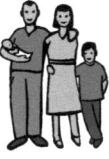

de Broder

kakak laki

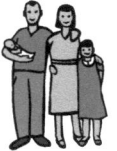

de Süster

kakak perempuan

de Lief
badan

de Vörkopp
dahi
dat Oog
mata
de Schuller
bahu
de Finger
jari
dat Gesicht
muka
dat Kinn
dagu
de Hand
tangan
dat Been
kaki
de Bost
payudara
de Arm
lengan

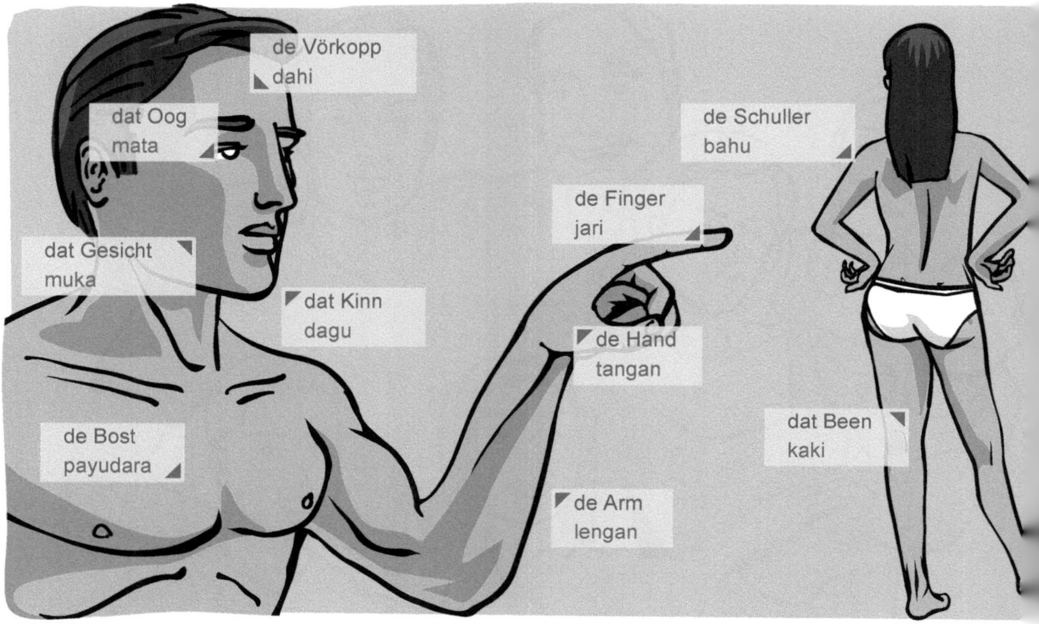

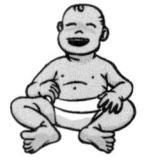

dat Winnelkind
bayi

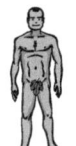

de Mann
pria

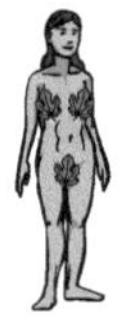

de Fro
wanita

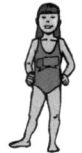

de Deern
perempuan

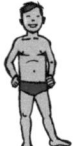

de Jung
laki

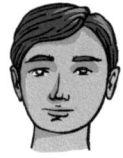

de Arm
kepala

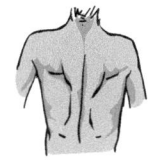

de Rüch

punggung

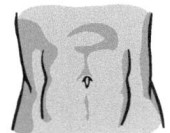

de Buuk

perut

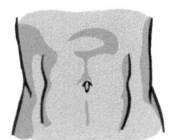

de Navel

pusar

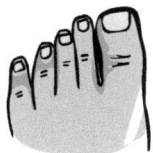

de Teh

toe

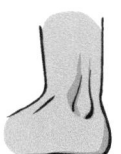

de Hack

tumit

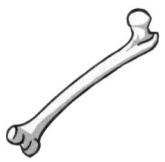

de Knaken

tulang

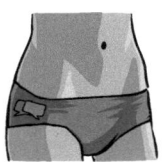

de Hüft

pinggang

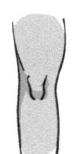

dat Knee

lutut

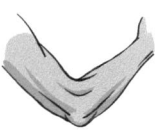

de Ellbagen

siku

de Nees

hidung

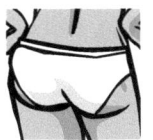

de Achtersen

pantat

de Huut

kulit

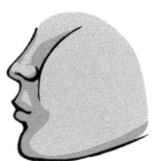

de Back

pipi

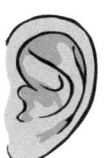

dat Ohr

telinga

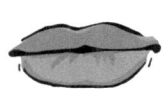

de Lipp

bibir

de Lief - badan

de Mund

mulut

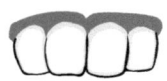

de Tähn

gigi

de Tung

lidah

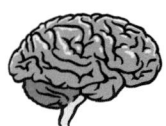

de Bregen

otak

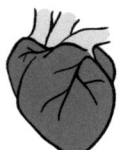

dat Hart

jantung

de Muskel

otot

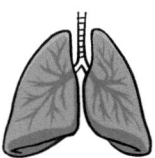

de Lung

paru-paru

de Lever

hati

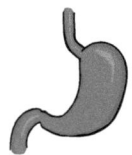

de Maag

stomach

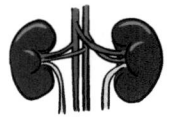

de Neren

ginjal

de Bislaap

hubungan seks

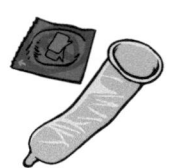

dat Kondoom

kondom

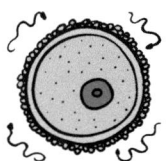

de Eizell

sel telur

dat Sperma

sperma

de Anner Ümstänn

kehamilan

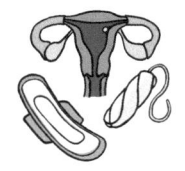

de Menstruatschoon

menstruasi

de Scheed

vagina

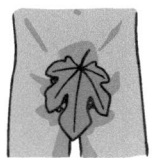

de Pint

penis

de Ogenbroe

alis

dat Hoor

rambut

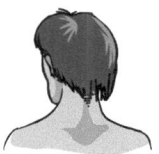

de Hals

leher

dat Krankenhuus
rumah sakit

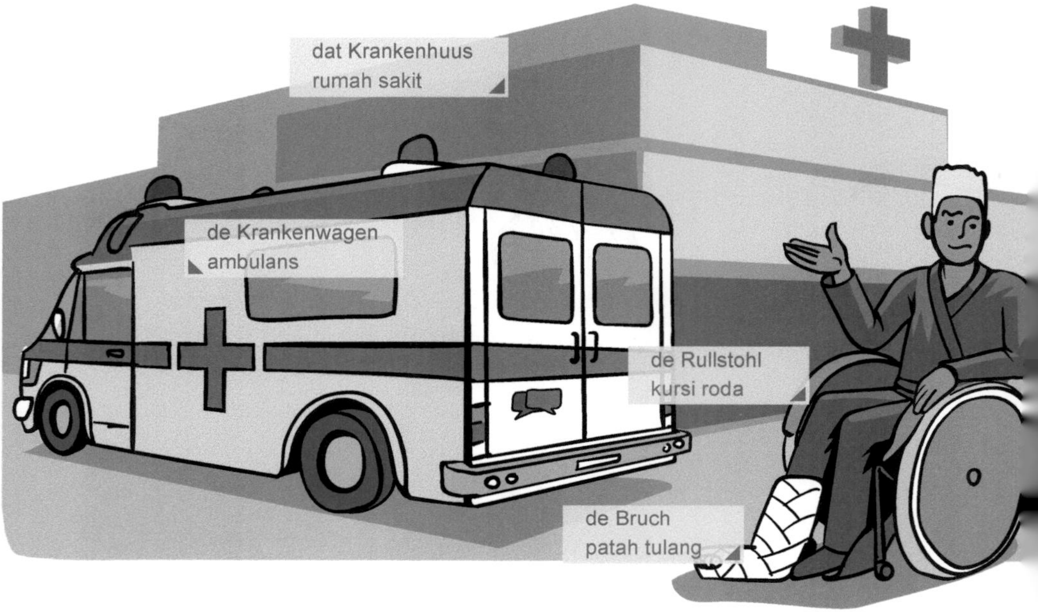

dat Krankenhuus
rumah sakit
de Krankenwagen
ambulans
de Rullstohl
kursi roda
de Bruch
patah tulang

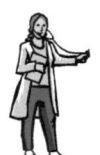

de Dokter

dokter

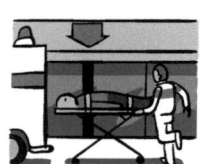

de Nootopnahm

ruang darurat

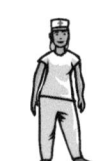

de Krankensüster

perawat

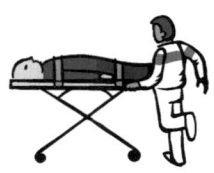

de Nootfall

darurat

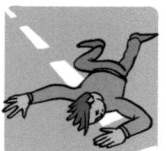

ahnmächtig

semaput

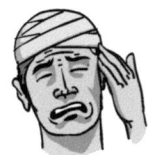

de Wehdaag

sakit

de Verwunnen

cedera

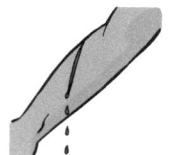

de Blöden

perdarahan

de Hartinfarkt

serangan jantung

de Slaganfall

stroke

de Allergie

alergi

de Hoosten

batuk

dat Fever

demam

de Gripp

flu

de Dörchfall

diare

de Koppwehdaag

sakit kepala

de Kreeft

kanker

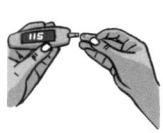

de Zuckersüük

diabetes

de Chirurg

ahli bedah

dat Chirurgsch Mess

pisau bedah

de Operatschoon

operasi

dat CT

CT

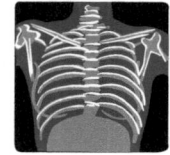

de Dörchlüchten

sinar x

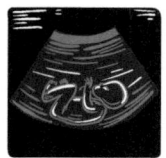

de Ultraschall

usg

de Mask

topeng

de Krankheit

penyakit

de Töövruum

ruang tunggu

de Krück

penyokong

dat Plaaster

plester

de Verband

perban

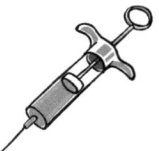

de Insprütten

injeksi

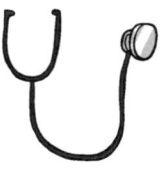

dat Stethoskop

stetoskop

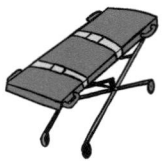

de Draag

usungan

dat Feverthermometer

termometer klinis

de Geboort

kelahiran

dat Övergewicht

kelebihan berat badan

dat Krankenhuus - rumah sakit

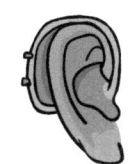

de Höörapparat

alat pendengar

dat Kiemfriemiddel

desinfektan

de Ansteken

infeksi

de Virus

virus

dat HIV / AIDS

HIV / AIDS

dat Heelmiddel

obat

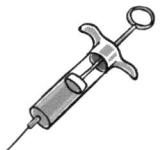

de Impen

vaksinasi

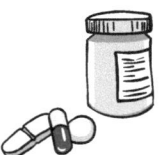

de Tabletten

tablet

de Pill

pil

de Nootroop

panggilan darurat

de Blootdruck-Meter

ukur tekanan darah

krank / gesund

sakit / sehat

Hölp!

Tolong!

de Alarm

alarm

de Överfall

penyerbuan

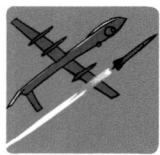

de Angreep

serangan

de Gefohr

bahaya

de Nootutgang

pintu darurat

dat Füer!

Api!

de Füerlöscher

alat pemadam kebakaran

de Unfall

kecelakaan

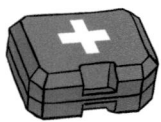

de Noothölpkoffer

kit pertolongan pertama

SOS

SOS

de Polizei

polisi

Europa

Eropa

Noordamerika

Amerika Utara

Süüdamerika

Amerika Selatan

Afrika

Afrika

Asien

Asia

Australien

Australi

de Atlantik

Atlantik

de Pazifik

Pasifik

dat Indisch Weltmeer

Samudra India

Antarktisch Weltmeer

Samudra Antartika

dat Arktisch Weltmeer

Samudra Arktik

de Noordpol

kutub utara

de Süüdpol

kutub selatan

de Antarktis

Antarktika

de Eerd

bumi

dat Land

tanah

de See

laut

dat Eiland

pulau

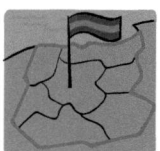

de Natschoon

bangsa

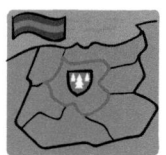

de Staat

negara

dat Tallenblatt
....
jam wajah

de Stunnenwieser
....
jarum pendek

de Minutenwieser
....
jarum menit

de Sekunnenwieser
....
jarum detik

Wo laat is dat?
....
Jam berapa?

de Dag
....
hari

de Tiet
....
waktu

nu
....
sekarang

de digetaalsch Klock
....
jam digital

de Minuut
....
menit

de Stunn
....
jam

de Week
minggu

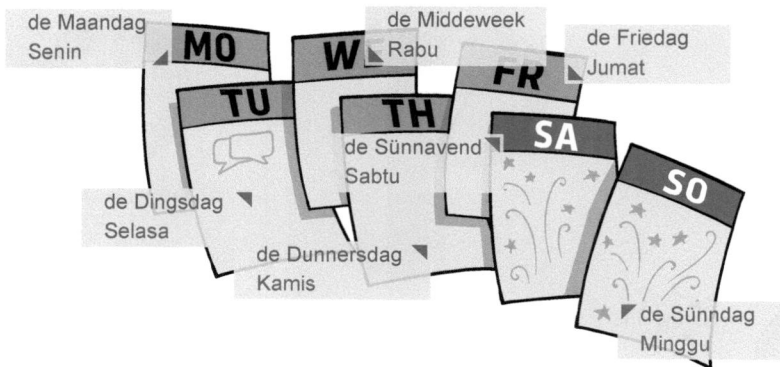

de Maandag
Senin

de Middeweek
Rabu

de Friedag
Jumat

de Dingsdag
Selasa

de Sünnavend
Sabtu

de Dunnersdag
Kamis

de Sünndag
Minggu

güstern

kemaren

hüüt

hari ini

morgen

besok

de Morgen

pagi

de Meddag

siang

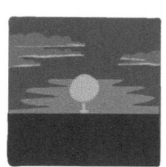

de Avend

malam

MO	TU	WE	TH	FR	SA	SU
1	2	3	4	5	6	7
8	9	10	11	12	13	14
15	16	17	18	19	20	21
22	23	24	25	26	27	28
29	30	31	1	2	3	4

de Arbeitsdaag

hari kerja

MO	TU	WE	TH	FR	SA	SU
1	2	3	4	5	6	7
8	9	10	11	12	13	14
15	16	17	18	19	20	21
22	23	24	25	26	27	28
29	30	31	1	2	3	4

dat Wekenenn

akhir minggu

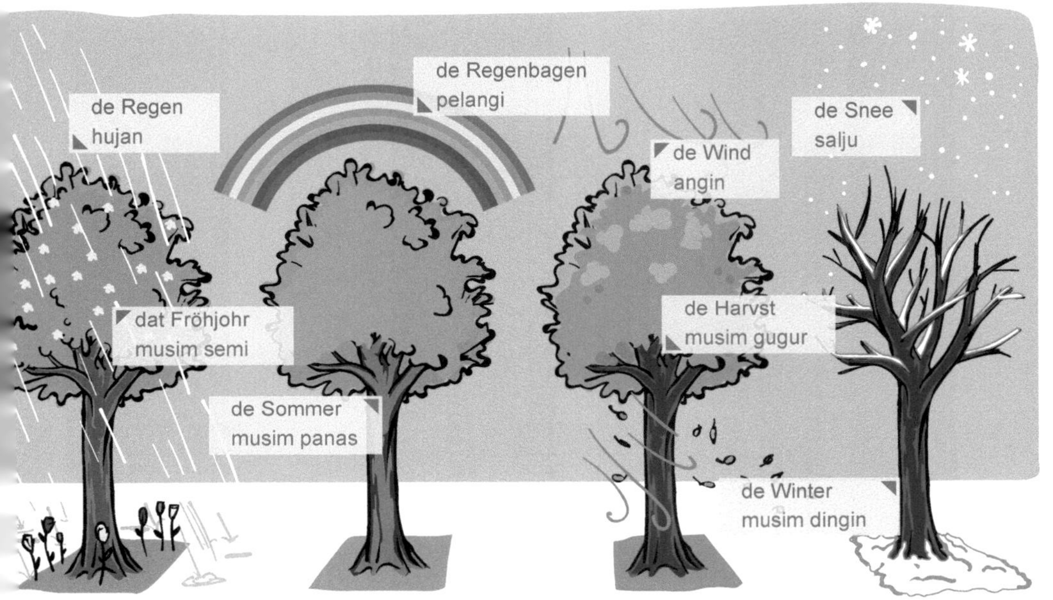

de Regen
hujan

de Regenbagen
pelangi

de Snee
salju

de Wind
angin

dat Fröhjohr
musim semi

de Harvst
musim gugur

de Sommer
musim panas

de Winter
musim dingin

4.APRIL	11°	☀
5.APRIL	4°	☁
6.APRIL	13°	⛅
7.APRIL	8°	❄
8.APRIL	10°	❄

...e Wedervörhersaag

ramalan cuaca

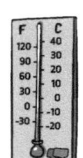

dat Thermometer

termometer

de Sünnenschien

matahari

de Wulk

awan

de Nevel

kabut

de Luftfuchtigkeit

kelembahan

de Blitz
kilat

de Dunner
guntur

de Storm
badai

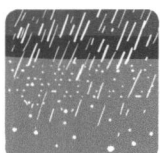

de Hagel
hujan es

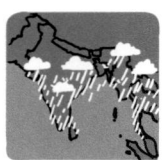

de Monsun
monsun

de Floot
banjir

dat Ies
es

de Januormaand
Januari

de Februormaand
Februari

de Martmaand
Maret

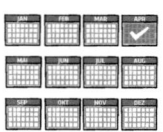

de Aprilmaand
April

de Maimaand
Mei

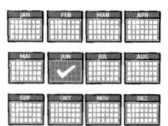

de Junimaand
Juni

de Julimaand
Juli

de Augustmaand
Agustus

dat Johr - tahun

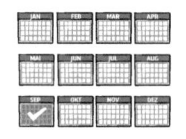

de Septembermaand

September

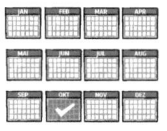

de Oktobermaand

Oktober

de Novembermaand

November

de Dezembermaand

Desember

de Formen
bentuk

de Krink

lingkaran

dat Quadrat

persegi

dat Rechteck

persegi panjang

dat Dreeeck

segi tiga

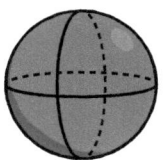

de Kugel

bola

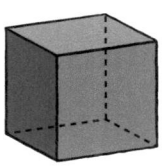

de Wörpel

kubus

witt

putih

geel

kuning

orangsch

oranye

pink

pink

root

merah

lila

ungu

blau

biru

gröön

hijau

bruun

coklat

gries

abu-abu

swart

hitam

veel / wenig

banyak / sedikit

böös / verdreeglich

marah / tenang

smuck / mies

cantik / jelek

de Begünn / dat Enn

mulaih / selesai

groot / lütt

besar / kecil

hell / düüster

terang / gelap

de Broder / de Süster

dara laki-laki / saudara
perempuan

schier / schietig

bersih / kotor

kumpleet / nich kumpleet

lengkap / tidak lengkap

de Dag / de Nacht

hari / malam

doot / lebennig

mati / hidup

breet / small

luas / sempit

geneetbor / nich geneetbor

dapat dimakan / tidak dapat dimakan

böös / fründlich

jahat / baik

fickerig / langwielt

bersemangat / bosan

dick / dünn

gemuk / kurus

toeerst / toletzt

pertama / terakhir

de Fründ / de Fiend

teman / musuh

vull / leddig

penuh / kosong

hart / week

keras / lembut

swoor / licht

berat / enteng

de Smacht / de Döst

lapar / haus

krank / gesund

sakit / sehat

nich na't Recht / na't Recht

ilegal / legal

klook / dummerhaftig

cerdas / bodoh

linkerhand / rechterhand

kiri / kanan

neeg / feern

dekat / jauh

de Gegendelen - berlawanan

nieg / bruukt

baru / bekas

nix / wat

tidak ada apapun / sesuatu

oolt / jung

tua / muda

an / ut

nyala / mati

apen / slaten

buka / tutup

lies / luut

tenang / keras

riek / arm

kaya / miskin

richtig / verkehrt

benar / salah

ruug / glatt

kasar / halus

trurig / glücklich

sedih / gembira

kort / lang

pendek / panjang

suutje / flink

pelan-pelan / cepat

natt / dröög

basah / kering

warm / köhl

hangat / sejuk

de Krieg / de Freden

perang / damai

0	**1**	**2**
null	een	twee
nol	satu	dua

3	**4**	**5**
dree	veer	fief
tiga	empat	lima

6	**7**	**8**
söss	söven	acht
enam	tujuh	delapan

9	**10**	**11**
negen	teihn	ölven
sembilan	sepuluh	sebelas

12

twölf
duabelas

13

dörteihn
tigabelas

14

veerteihn
empatbelas

15

föffteihn
limabelas

16

sössteihn
enambelas

17

söventeihn
tujuhbelas

18

achtteihn
delapanbelas

19

negenteihn
sembilanbelas

20

twintig
duapuluh

100

hunnert
seratus

1.000

dusend
seribu

1.000.000

million
juta

dat Engelsch

Inggris

dat Amerikaansch Engelsch

bahasa Inggris Amerika

dat Chineesch Mandarin

bahasa Cina Mandarin

dat Hindi

bahasa Hindi

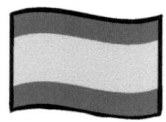

dat Spaansch

bahasa Spanyol

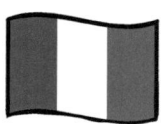

dat Franzöösch

bahasa Perancis

dat Araabsch

bahasa Arab

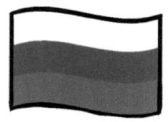

dat Rusch

bahasa Rusia

dat Portugiesch

bahasa Portugis

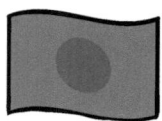

dat Bengaalsch

bahasa Bengal

dat Düütsch

bahasa Jerman

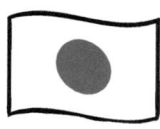

dat Japaansch

bahasa Jepang

ik

saya

du

kamu

he / se / dat

dia

wi

kita

ji

kalian

se

mereka

keen?

siapa?

wat?

apa?

woans?

begaimana?

woneem?

dimana?

wannehr?

kapan?

HELLO, I AM

de Naam

nama

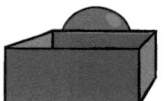

achter
....
dibelakang

in
....
di

vör
....
didepan

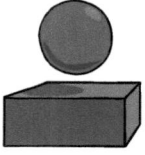

över
....
diatas

op
....
diatas

ünner
....
dibawah

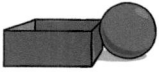

blangen
....
sebelah

twüschen
....
di antara

de Oort
....
tempat